ANA KAIRIRIBAI AO RAORAON TE BUROO

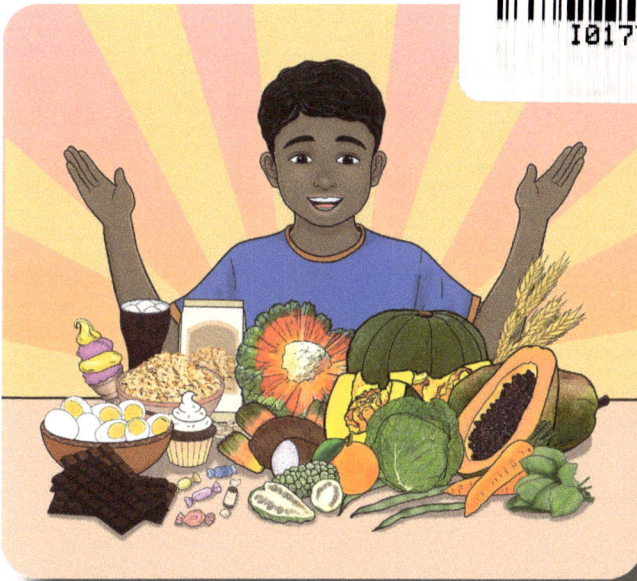

Te korokaraki iroun Tekaribwa Boota
Te korotaamnei iroun Jovan Carl Segura

Library For All Ltd.

E boutokaaki karaoan te boki aio i aan ana reitaki ae tamaaroa te Tautaeka ni Kiribati ma te Tautaeka n Aotiteeria rinanon te Bootaki n Reirei. E boboto te reitaki aio i aon katamaaroaan te reirei ibukiia ataein Kiribati ni kabane.

E boreetiaki te boki aio iroun te Library for All rinanon ana mwane ni buoka te Tautaeka n Aotiteeria.

Te Library for All bon te rabwata ae aki karekemwane mai Aotiteeria ao e boboto ana mwakuri i aon kataabangakan te ataibwai bwa e na kona n reke irouia aomata ni kabane. Noora libraryforall.org

Ana kairiribai ao raoraon te buroo

E moan boreetiaki 2022
E moan boreetiaki te katootoo aio n 2022

E boreetiaki iroun Library For All Ltd
Meeri: info@libraryforall.org
URL: libraryforall.org

Te korotaamnei iroun Jovan Carl Segura

Atuun te boki Ana kairiribai ao raoraon te buroo
Aran te tia korokaraki Boota, Tekaribwa
ISBN: 978-1-922918-61-1
SKU02411

ANA KAIRIRIBAI AO RAORAON TE BUROO

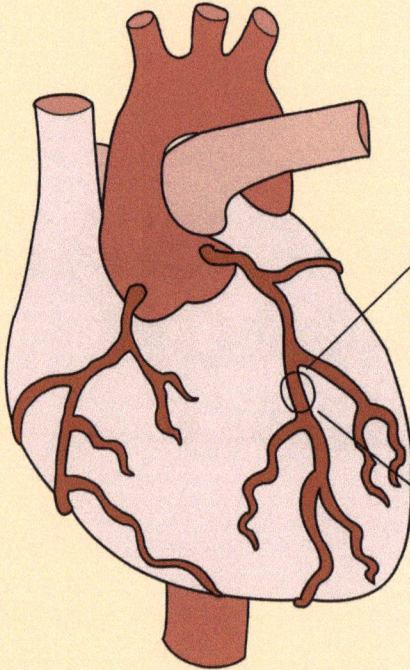

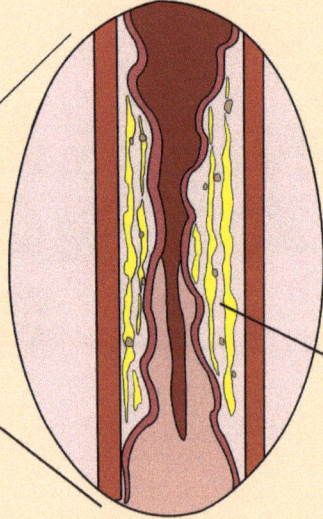

te ia ae bono

te kiriiti

2

I riiribaa te kiriiti ae rangi ni mwaiti. E bonotii iia aika e buti iai te raraa nakon bwain nako te rabwata ao te buroo.

I riiribai amwarake aika rangi
n taarikoko. E karika te rietaata
n raraa ao te toki ni buroo.

I riiribaa te bunimoa ae raka
i aon teuana n te bongina.
E karietaataa mwaitin te kiriiti
ae buaakaka i nanon te raraa
are e kona n buabuataki ao
ni bwanin kaanga te atiibu ae
matoatoa. E kona ni bonotii
iia ake e buti iai te raraa ao ni
karika te toki ni buroo.

I riiribai amwarake ke mooi
aika rangi ni karewerewe.
A kona n urua te buroo.

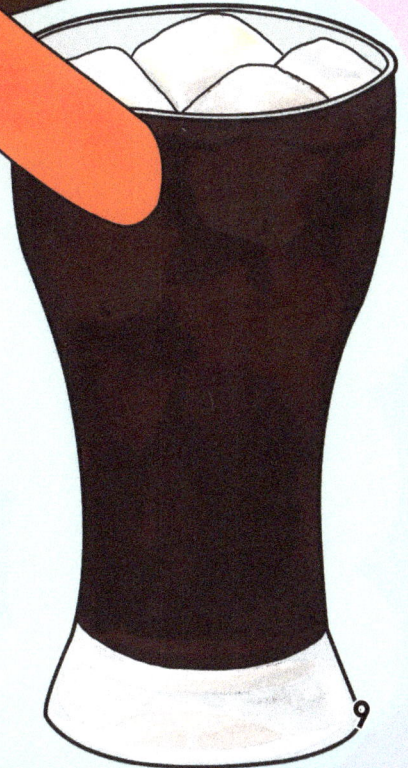

9

I riiribaa te aki kakamwakuri ni katoa bong. E kakorakoraa mwaitin te kiriiti n titiku n te raraa ae na kona ni bonoti iia ake a buti iai te raraa nakon te buroo.

I riiribaa te moko. E karakaa tatan te buroo, e kabureburea tain bwamin te buroo ao e bonotii iia ake a bwamwiia te raraa nakon te rabwata ao te buroo.

I riiribaa ikeikenakin te beentiin ao te butein kaeti. A katataa te buroo ao a kona ni karika tokin te buroo n te tai ae tawe.

I riiribaa te mooi manging n te
mwaiti ae riao ni katoa bong.
E kangorea ana mwatireti te
buroo n te aro ae aki kona
n bwamwiia te raraa nakon
bwain nako te rabwata.

Ma I taatangirii baanikai aika toka kiriiniia n ai aron te tibiiniti, te non ao te kaabiti.

I taatangirii amwarake aika wakawaka n ai aron te tou, te bwabwai, te outi ao te bwaarii.

I taatangirii iika aika nenea n ai aron te ika ni bong, te rabono ao te ika nenea.

I taatangirii uaan biin aika
kawakawa.

I taatangirii amwarake aika
mwaiti te kookoo iai n aron
te tiaokureti ae roroo.
E kauareerekea rietaatan
te raraa ao te kiriiti.

I taatangirii uaanikai n aron
te aoranti ao te bwaabwaiaa.
A mwaiti iai waaitamen A, C
ao E, aika a uaia ni mwakuri
ni katoka bwaninin kiriiti aika
bubuaka n te raara ake a kona
n riki bwa atiibu aika a bonotii
ian te rabwata ao te buroo.

Ko kona ni kaboonganai titiraki aikai ni maroorooakina te boki aio ma am utuu, raoraom ao taan reirei.

Teraa ae ko reiakinna man te boki aio?

Kabwarabwaraa te boki aio.
E kaakamanga? E kakamaaku?
E kaunga? E kakaongoraa?

Teraa am namakin i mwiin warekan te boki aio?

Teraa maamaten nanom man te boki aei?

Karina ara burokuraem ni wareware
getlibraryforall.org

Rongorongoia taan ibuobuoki

E mmwammwakuri te Library For All ma taan korokaraki ao taan korotaamnei man aaba aika kakaokoro ibukin kamwaitan karaki aika raraoi ibukiia ataei.

Noora libraryforall.org ibukin rongorongo aika boou i aon ara kataneiai, kainibaaire ibukin karinan karaki ao rongorongo riki tabeua.

Ko kukurei n te boki aei?

Iai ara karaki aika a tia ni baarongaaki aika a kona n rineaki.

Ti mwakuri n ikarekebai ma taan korokaraki, taan kareirei, taan rabakau n te katei, te tautaeka ao ai rabwata aika aki irekereke ma te tautaeka n uarokoa kakukurein te wareware nakoia ataei n taabo ni kabane.

Ko ataia?

E rikirake ara ibuobuoki n te aonnaaba n itera aikai man irakin ana kouru te United Nations ibukin te Sustainable Development.

librarryforall.org